UN PÈLERINAGE

AU

PAYS DE SAINT FRANÇOIS

PAR

L'abbé Henry CALHIAT,

Chanoine honoraire, Missionnaire apostolique,

DOCTEUR EN THÉOLOGIE ET EN DROIT CANONIQUE.

MONTAUBAN,

IMPRIMERIE ET LITHOGRAPHIE FORESTIÉ.

1882.

UN PÈLERINAGE

AU

PAYS DE SAINT FRANÇOIS

PAR

L'ABBÉ HENRY CALHIAT.

Chanoine honoraire. Missionnaire apostolique

DOCTEUR EN THÉOLOGIE ET EN DROIT CANONIQUE.

MONTAUBAN,

IMPRIMERIE ET LITHOGRAPHIE FORESTIÉ.

1882.

AVANT-PROPOS.

« Quand on a quitté Rome, en se dirigeant vers le Nord, après avoir traversé l'admirable désert de la campagne romaine et passé le Tibre, un peu au delà de Cività-Castellana, on s'engage dans un pays montueux qui va s'élevant comme en amphithéâtre, des bords du Tibre jusqu'aux crêtes de l'Apennin. Cette contrée retirée, pittoresque, salubre, se nomme l'Ombrie. Elle a les agrestes beautés des Alpes, les cimes sourcilleuses, les forêts, les ravins, où se précipitent les cascades retentissantes, mais avec un climat qui ne souffre point de neiges éternelles, avec toute la richesse d'une végétation méridionale qui mêle au chêne et au sapin l'olivier et la vigne.

La nature y paraît aussi douce qu'elle est grande; elle n'inspire qu'une admiration sans terreur, et si tout y fait sentir la puissance du Créateur, tout y parle de sa bonté.

La main de l'homme n'a point gâté ces tableaux.

De vieilles villes comme Narni, Terni, Amelia, Spolète, se suspendent aux rochers, ou se reposent dans les vallons, encore toutes crénelées, toutes pleines de souvenirs classiques et religieux, fières de quelque saint dont elles conservent les restes, de quelque grand artiste chrétien dont elles gardent les ouvrages.

Il y a peu de sommets si âpres et si nus, qui n'aient leur ermitage, leur sanctuaire visité par des pèlerins.

Au cœur du pays s'ouvre une vallée plus large que les autres ; l'horizon y a plus d'étendue ; les montagnes environnantes dessinent des courbes plus harmonieuses ; des eaux abondantes sillonnent une terre savamment cultivée. Les deux entrées de ce paradis terrestre sont gardées par les deux villes de Pérouse, au nord, et de Foligno, au midi. Du côté de l'occident est la petite cité de Bevagna, où naquit Properce, le poète des voluptés délicates ; à l'orient, et sur un coteau qui domine tout le paysage, s'élève Assise, où devait naître le chantre d'un nouvel amour (1). »

Ce pays, j'ai voulu le connaitre et le visiter. C'était mon rêve depuis longtemps et j'ai pu le réaliser naguère.

Lorsque l'on voyage sur mer, et qu'on longe les côtes, on s'arrête avec plaisir à regarder l'horizon. L'œil se repose sur les sites, les baies, les rochers qu'on rencontre, et l'on se dit : « C'est là que je voudrais aborder, c'est ici que je voudrais descendre, c'est là bas que je voudrais vivre. »

La vie est une traversée... Elle commence dans un berceau, pour finir dans un cercueil, et il n'y a pas une grande différence entre l'un et l'autre. L'un est tout petit, et nous y pleurons ; l'autre est plus long, et l'on pleure autour de nous. Entre les deux rivages de l'existence, entre l'éternité d'où l'on vient et l'éternité où l'on va, on est en butte à des raffales et à des orages. Mais on peut s'arrêter en route : on s'arrête, par exemple, à l'ile fortunée de la Première Communion, et puis on vogue vers le cap de Bonne-Espérance, que peut représenter la carrière à

____

(1) **Fr. Ozanam.** *Les poètes franciscains.*

laquelle Dieu nous appelle, mais qu'on ne double jamais sans rencontrer auparavant des tempêtes. Enfin, on cingle vers un avenir inconnu et l'on arrive, un jour — c'est le dernier de la vie — au port de la destinée : mais, durant le voyage, l'œil de l'âme se repose sur des régions rêvées, et l'on se dit : « Je voudrais vivre ici, je voudrais mourir là. » Pour ma part, je ne sais pas bien encore où je voudrais mourir. La question ne m'embarrasserait pas trop cependant, si on me la posait. Mais je sais bien où je voudrais pouvoir m'arrêter, ne serait-ce que quelques jours, faire escale, ne serait-ce que quelques heures.

Autrefois je rêvais de voir Rome, et, grâces à Dieu, ce rêve s'est réalisé pour le plaisir de mes yeux et la joie de mon âme, et maintenant mes rêves se promènent entre bien des rivages et planent sur bien des sites auxquels peut-être je ne pourrai jamais aborder. Il est pourtant des lieux célèbres où vouloir s'arrêter est dans les limites d'une simple et modeste ambition. Depuis longtemps je caressais le projet d'entrer dans ce paradis de l'Italie dont parle Ozanam, et j'ai pu me donner cette satisfaction au mois de septembre 1881.

J'avais plusieurs fois traversé cette terre des arts et des miracles, mais je n'y avais jamais assez séjourné pour en admirer les beautés.

L'Ombrie ! ce mot hantait mon imagination. Je comprends que l'Orient, la Palestine, la Grèce séduisent les voyageurs, les pèlerins, les touristes; que Balbek, Jérusalem, Constantinople, Athènes, poursuivent comme d'un remords ceux qui ne les ont pas visitées; moi, j'étais séduit par l'Ombrie; j'étais poursuivi par Assise, Foligno, Spolète. Pérouse ! J'avais comme un remords de n'avoir pas salué ces villes si pleines de souvenirs religieux et artistiques. Maintenant ma conscience est tranquillisée, j'ai vu ces cités et je voudrais en écrire. Mon pèlerinage au pays de saint François m'a laissé de suaves impressions, et j'en fais part à ceux qui sont capables de les goûter.

Les pèlerins d'autrefois rapportaient des coquilles de leur voyage ; du mien, je rapporte quelques souvenirs..... les voici.

CHAPITRE I.

PÉROUSE.

I.

Je préviens le lecteur que je n'ai pas l'intention de faire
la description des lieux que j'ai visités. Il n'est pas rare
de rencontrer des écrivains voyageurs qui se font un devoir
de décrire minutieusement les villes qu'ils traversent, abso-
lument comme s'ils les avaient découvertes.

Je n'ai pas découvert Pérouse : cette ville a des souvenirs
qui se mêlent à ceux du lac Trasimène, que l'on rencontre
après Térentolo, et les eaux tranquilles de ce lac historique
murmurent encore le nom d'Annibal. C'est dire que l'histoire de Pérouse remonte à une époque très-reculée. Son
origine d'ailleurs, pour me servir d'un mot consacré, se
perd dans la nuit des temps.

Sa position est remarquablement imposante. La montagne
sur laquelle elle est bâtie s'arrondit en pentes adoucies, et
ces pentes sont divisées en jardins magnifiques, où le regard
se repose avec plaisir. L'air qu'on y respire est vif et salubre. Les habitants se flattent que le choléra, qui plusieurs
fois a envahi l'Italie, n'est jamais venu les visiter. Des
terrasses de la ville la vue s'étend sur un admirable pano-

rama qui comprend les vallées du Trasimène et les plaines
d'Arezzo et de Florence. On trouve, en Italie, des perspec-
tives aussi grandioses ; rarement on en rencontre de plus
belles ; mais, pour en jouir, il faut faire en voiture une
ascension qui dure à peu près une heure, à partir de la
gare. Dès l'arrivée, on a donc sous les yeux un spectacle
imposant : aussi j'en profitai et je savourai longtemps le
plaisir de contempler l'horizon au-dessus des hautes murailles qui entourent la ville d'une ceinture étrusque : je me
voyais sur le seuil de l'Ombrie ! — Pérouse est actuelle-
ment le chef-lieu de cette province italienne. — Je me
trouvais à l'une des portes de ce paradis que je voulais
connaître !

Ma première pensée fut d'aller présenter mes hommages
à l'évêque, Mgr Foschi. Celui-ci me reçut avec cette gra-
cieuseté simple et cordiale qu'ont les prélats italiens, et
après m'avoir entretenu quelque temps, il pria l'un de ses
secrétaires de me montrer l'évêché.

Je suis toujours curieux de visiter les lieux habités
par les hommes célèbres, et, en parcourant le palais épis-
copal, je voyais la résidence qu'a occupée Léon XIII, depuis
1846 jusqu'à 1878. Mgr Foschi, son digne successeur, son
ami de cœur, n'a rien changé aux dispositions prises
par le cardinal Pecci, et ses appartements gardent encore
l'ornementation et l'ameublement d'autrefois. Ce religieux
respect du passé fait honneur au nouvel évêque.

A Spolète je devais aussi, quelques jours après, visiter
le palais occupé par Pie IX, quand il n'était encore que
Mgr Mastaï-Ferretti, et j'avoue que ces deux visites m'ont
valu des émotions que je ne saurais rendre. Ayant vu, aimé,
admiré, le pontife défunt, — ce grand cœur, — connaissant
le pontife vivant, — cette tête puissante, — j'étais heureux
de respirer l'air que, durant de longues années, avaient res-

piré ces deux hommes, ces deux athlètes, ces deux héros, qui, chacun à leur manière, auront combattu l'hydre révolutionnaire, pour la gloire de l'Eglise.

Le tombeau d'un homme entouré de l'auréole du génie ou de la sainteté, produit toujours en moi une impression vive, mais la chambre où il a travaillé, prié, pleuré peut-être, me remue davantage. La tombe de Pie IX, à *Saint-Laurent hors les murs*, avec cette simple épitaphe : *Ossa et cineres Pii P. P. IX*, m'a dit beaucoup de choses dans l'âme : mais son lit, son crucifix, son prie-Dieu, qu'on m'a montrés à Spolète, m'en ont dites plus encore. De même, la chambre où dormait Léon XIII, à Pérouse, m'a vivement intéressé.

Du reste, le palais est, dans toutes ses parties, digne d'intérêt, soit à cause des souvenirs anciens, soit à cause des souvenirs récents qu'il laisse aux visiteurs. Le pape Urbain VI l'occupait quand il fulmina, en 1387, l'excommunication majeure contre l'anti-pape Clément VII d'Avignon.

Pour moi, un des plus gracieux souvenirs que j'ai emportés, c'est celui qui m'est resté de l'évêque. Mgr Foschi est de l'école de saint François de Sales : bon, doux, indulgent, il est tout à tous et à tout. Sa physionomie a le charme : elle attire. On dirait que sa tête a été détachée d'un tableau du Pérugin ou d'une fresque du Giotto et placée sur les épaules d'un homme actif et zélé, qui se dépense généreusement pour les âmes. Aidé d'un autre évêque et d'un religieux barnabite, il prêchait le jubilé, dans sa cathédrale, avec un talent reconnu et une ardeur infatigable, quand j'eus l'honneur de lui être présenté. Depuis le consistoire du 27 mars 1882 il est archevêque, et je suis convaincu que le Souverain-Pontife, en élevant son siège au rang des métropoles, a encore plus voulu reconnaître et récompenser ses mérites que donner du relief au diocèse qu'il dirigea lui-même, comme évêque, pendant 32 ans.

Sa cathédrale est un très beau monument d'architecture ogivale — chose assez rare en Italie, où l'art grec domine. — Elle remonte au XIVe siècle. Elle renferme les cendres de trois papes : Innocent III, Urbain IV et Martin IV.

Elle est riche en tableaux et en reliques : on y montre surtout, dans la chapelle dite *du Saint Anneau* et dans un tabernacle de cuivre doré et d'argent ciselé, le célèbre anneau nuptial de la Sainte Vierge.

II.

Après la cathédrale, la plupart des églises et principalement celle de Saint-Pierre, qui appartint jadis aux Bénédictins, méritent la visite du voyageur chrétien. Partout il trouve quelque chose à admirer. Mais l'aimant principal de l'artiste, c'est la pinacothèque Vannucci, au palais public.

C'est là que règne le Pérugin (1), que j'ai toujours aimé malgré les défaillances de sa foi et de son pinceau. C'est là le rendez-vous des Maîtres de cette école ombrienne qui, de toutes les écoles d'Italie, a su le plus conserver son indépendance et son originalité : « En possession d'un ascétisme qu'elle ne devait qu'à elle-même, elle le traita avec le génie qui lui était propre, et elle n'accepta le patronage d'aucune école étrangère. Les papes et les princes de la dynastie de Montefeltro furent les seuls dont elle voulut la protection : mais elle ne se mit à leur service qu'en demeurant toujours dans le caractère qui lui était particulier (2). »

(1) Il faut aussi voir les peintures du *Cambio*, à côté du palais public, pour avoir une idée complète de la manière de ce grand peintre.

(2) A. Riche : *L'Art Chrétien.*

Aussi, c'est là qu'il me tardait d'arriver pour voir de véritables madones chrétiennes.

Je dois avouer ici que je ne suis pas raphaëliste. Je ne suis pas de ceux « qui pleurent et prient à genoux sur les restes du grand Raphaël, comme l'on prie devant les reliques d'un saint ou sur le tombeau d'un ami (1); » de ceux qui disent « que sous quelque forme que le Sanzio ait représenté la Sainte Vierge, il n'est pas une madone devant laquelle il ne faille s'agenouiller (2); » de ceux qui ont vu, dans le divin jeune homme, « un théologien, un docteur, un mystique qui, par les merveilles de son pinceau, prêchait la vérité catholique (3). »

Au contraire je crois, avec des critiques éminents, que Raphaël est loin d'avoir atteint l'idéal chrétien. Il faut, à coup sûr, le proclamer le prince des peintres, le souverain de l'art, le roi du pinceau. « C'est l'artiste le plus heureusement doué qui ait peut-être jamais existé (4). » « Il a pu avoir des rivaux dans certaines parties de l'art, mais nul ne lui est comparable pour la grâce, l'élégance, la noblesse du style et la fécondité du génie. Nul ne s'est si bien approprié toutes les ressources de l'art et tous les progrès du XVe siècle. Nul n'a mieux compris surtout l'art antique et ne s'en est plus rapproché : il l'eût surpassé même s'il eût suivi l'inspiration et la tradition chrétiennes. Mais Raphaël n'a été chrétien, ni dans sa vie, ni dans ses œuvres; il a suivi le mouvement de la Renaissance et il l'a augmenté par son immense talent (5). »

(1) Le marquis de Ségur.

(2) Darras.

(3) Mgr Bastide.

(4) Cartier.

(5) Cartier. *L'Art Chrétien*, lettre IXe. Voir aussi L. Viardot, dans *Les Merveilles de la Peinture*. « Que l'on compare, dit très justement cet auteur, à la madone byzantine cette *Vierge à la Chaise*..... élégamment vêtue comme

« Auprès d'Albert Durer.

dit Théophile Gautier, que je me plais à citer ici,

Raphaël est païen :

Ses madones n'ont pas, empreint sur leur beauté.
Un cachet de candeur et de sérénité :
Leur bouche rit souvent d'un sourire profane,
Et parfois sous la Vierge on sent la courtisane (1). »

Il est vrai, disons-le, que la faute n'est pas à lui tout seul, mais bien plutôt à son siècle. « Jules II, en appelant Raphaël au Vatican, dit M. Cartier (2), l'exposa à toutes les séductions de la Renaissance. Pouvait-il résister et ne pas subir l'influence de la cour romaine et de sa passion pour la littérature et l'antiquité païennes ? M. Vitet ne le croit pas. Quand un pape vous dit : « Faites-moi des Dieux, des Muses, des Athéniens, des philosophes, » il est assez difficile de lui répondre : « Je ne fais que des Vierges, et vous êtes un païen. » Il fallait donc, bon gré malgré, qu'il désobéît à son école, ne fût-ce que pour le choix des sujets. Pour rester dans la voie de la candeur, il eût fallu qu'il renonçât au siècle, qu'il se fît moine comme son ami Bacio, ou son aïeul en génie Fra Angélico. Mais au milieu du monde, vivant à une cour, favori d'un Jules II, d'un Léon X, toute résistance était vaine :

une hétaïre d'Ionie, et qui appelle le spectateur de son regard caressant, tandis que toutes les autres baissent humblement les yeux ; que l'on se rappelle que Raphaël osa dans le palais même des Papes, à Rome, poser l'Ecole d'Athènes en face de la *Dispute du saint Sacrement*, et l'on conviendra que la très sainte Inquisition, gardienne et vengeresse du dogme orthodoxe, aurait pu lui demander compte de son impiété, tout aussi bien qu'au sceptique qui aurait prétendu ne voir dans les deux Testaments que des livres d'histoire et de morale.

(1) Dans ses madones apparait trop souvent l'individualité du modèle, de la Fornarina, par exemple, sous les attributs de la Vierge. *Histoire de la Peinture en Italie.* (J. Coindet.)

(2) *L'Art Chrétien.*

il fallait qu'il succombât, qu'il se pliât au goût du siècle, qu'il s'en fît comprendre et admirer, qu'il se mît au niveau de ses applaudissements (1). » Aussi est-ce avec un plaisir marqué que, parcourant les galeries de la pinacothèque de Pérouse, j'ai observé les quelques tableaux du grand peintre qui s'y trouvent et qui sont de sa première manière : la Samaritaine, la Cène, une Madone, l'Adoration des mages.......

Des trois manières de Raphaël, c'est là la plus religieuse. L'élève, on le voit, est encore docile aux leçons du Pérugin ; mais on sent déjà que la tradition transmise par le maître n'est pas sans alliage. Et maintenant, plus il avancera, plus il sacrifiera à l'idole du temps. Sa véritable inspiration sera l'amour de la gloire. Il fera souvent de l'art pour l'art, dans ses fresques et ses tableaux. Ses Vierges, M. Rio l'avoue lui-même, n'auront, malgré leur beauté, rien d'idéal. Elles sembleront quelquefois accuser une sorte d'obsession de quelques figures antiques, et la Vierge à la chaise, pour ne parler que de celle-là, nous apparaîtra « belle comme femme, mais pas du tout comme mère de Dieu (2). »

Au contraire, les madones de l'école ombrienne, comme des écoles siennoise et florentine qui se trouvent çà et là

---

(1) Vitet. — *Etude sur l'Art Chrétien.*

(2) De Maistre. — C'est la seule de ses simples madones, dit L. Viardot, qui ne baisse point les yeux, qui les jette autour d'elle et les fixe sur d'autres yeux. Plus mondaine que la *Vierge du Grand Duc*, et que la *Vierge au Chardonneret*, mais plus belle encore, parée de ses riches atours et d'étoffes brillantes, elle est, dans sa céleste coquetterie, le modèle de la beauté idéale, non pas à la façon des chrétiens, mais à la façon des Grecs. C'est ainsi que je me représente cette *Vénus anadyomène* d'Apelles que toute la Grèce venait voir dans son atelier..... Raphaël a peint une Vénus chrétienne : c'est la plus vive et la plus profonde irruption qu'avec lui l'art ait faite hors du dogme, traité désormais avec plus d'indépendance et comme une sorte de mythologie que l'artiste interprète à sa volonté *(Les Merveilles de la Peinture.)*

dans la pinacothèque, laissent pour la plupart une impression pieuse et mystique qui subjugue et captive.

Je comprends que si on les voyait dans une église, on eût la tentation de tomber à genoux devant elles. Celles-là prient et font prier. Elles parlent à l'âme et rien qu'à l'âme. Ce ne sont pas des femmes mais des vierges ; elles ont une espèce d'immatérialité qui donne de la Mère de Dieu une idée grande et belle, autant que peut le faire, croyons-nous, un pinceau humain.

Aussi lorsque, le soir venu, je prenais la route d'Assise, j'étais heureux de ma journée ; mon âme avait joui, mes yeux étaient contents, j'avais vu de véritables madones chrétiennes !

CHAPITRE II.

—

A S S I S E.

I

Le grand charme des voyages, a dit quelqu'un, est dans
le départ et l'arrivée. Au départ l'imagination dore l'horizon et promet des surprises, et à l'arrivée on éprouve le
plaisir rêvé de se trouver à destination, de s'arrêter après
la course. Une joie ouvre la carrière, une joie la ferme.
Quant au séjour, il ne laisse pas d'ordinaire la même
impression. Quoi qu'il en soit de cet aphorisme contestable,
il est certain que durant mon séjour à Assise j'éprouvai
un charme continu, que rarement j'ai ressenti ailleurs à un
pareil degré.

J'étais sur la vraie terre des miracles ! J'arrivais dans le
pays de saint François ! Or, ce pays est beau ! Le Dante l'a
célébré dans sa divine comédie : « Celui, dit-il, qui en
parlera ne doit pas se contenter de dire : Assise. c'est trop
peu : il doit dire : Orient ; ce mot est le vrai :

> Pero chi d'esso fa parole.
> Non dica : Ascesi che direbbe corto.
> Ma Oriente, se proprio dir vuole. »

En effet, la situation qu'occupe Assise, sur une pente du
mont Subasio, est des plus gracieuses et des plus pittores-
ques. Les courbes harmonieuses de l'horizon, la riche végé-

2

tation de la plaine, la limpidité particulière du ciel, le charme enivrant du climat, lui donnent un je ne sais quoi d'oriental qui pénètre l'âme. J'y arrivai après la chute du jour, une heure après l'*Ave Maria*, c'est-à-dire une heure après ce moment doux et mélancolique où, selon une délicate pensée du grand poète italien, la cloche de l'angelus semble pleurer le jour qui se meurt.

La ville était silencieuse comme un tombeau — ce calme convient aux cités saintes. — Les portes étaient déjà fermées. Une seule, celle qui nous livra passage, était encore ouverte et devait, je crois, avant dix heures, rouler sur ses gonds pour se fermer aussi. Je trouvais là, dès l'arrivée, un souvenir du moyen-âge, et ce souvenir rencontré à l'entrée de la ville immortalisée par saint François, s'harmonisait à merveille avec les idées que réveillait en moi l'histoire du saint chevaleresque par excellence.

Après un sommeil tranquille et réparateur – on dort bien dans les pays sanctifiés, —je courus de bonne heure au *Sacré-couvent*, à la grande basilique qui est le rendez-vous principal des pèlerins. Là, vit et règne le souvenir de deux hommes bien différents par la vocation, mais grands tous deux par les œuvres, par le génie et par la foi : saint François et Giotto; saint François, l'amant de la pauvreté, celui qui, dans l'espace de quelques années, a fait pour Dieu plus que les héros les plus célèbres pour la renommée, dans une longue carrière, et Giotto, le peintre inspiré, l'artiste pieux dont le pinceau nous a raconté, en fresques admirables, l'histoire de sa vie; saint François, le saint légendaire qui reçut le jour dans une étable, d'où il s'élança comme un soleil pour illuminer le monde, dit le Dante (1) et Giotto, le petit pâtre à demi-nu que Cimabué rencontra

(1) Nacque al mondo un sole.

aux environs de Florence, traçant sur le sable le portrait d'une de ses chèvres et que le célèbre peintre florentin initia aux secrets du grand art.

Le Sacré-couvent, qui est tout simplement un nid de merveilles artistiques, comprend trois églises : une crypte souterraine construite en 1822, après l'invention des cendres de saint François retrouvées dans une anfractuosité de rocher, l'église inférieure, dans laquelle les religieux ont leur chœur et font leurs offices, et l'église supérieure, qui est un vrai musée de peintures religieuses.

C'est dans la crypte que repose encore le corps du patriarche d'Assise. Quand on y pénètre, on y éprouve la terreur religieuse qui vous saisit, lorsque vous entrez dans les Catacombes. C'est le même silence ; ce sont les mêmes ténèbres, et ce vers de Virgile cité par saint Jérôme, à propos des hypogées de Rome, revient à la pensée, lorsque on parcourt cette chapelle mystérieuse :

« Horror ubique animos simul ipsa silentia terrent. »

Deux grandes statues, l'une représentant Pie VII, l'autre Pie IX, en gardent l'entrée. On dirait les deux anges d'un tombeau, veillant sur les restes d'un saint. Les pèlerins aiment à se recueillir dans ce sanctuaire et les prêtres se donnent la joie d'y célébrer la messe.

C'est là, en effet, après le saint Sépulcre de Jérusalem, la confession des Saints Apôtres à Rome et le tombeau de saint Jacques à Compostelle, un des oratoires chrétiens les plus vénérés du monde. Parmi les tombes illustres devant lesquelles s'inclinent les têtes humaines, il y en a peu qui méritent, comme celle-là le respect des catholiques.

II

L'église inférieure est du XIIIᵉ siècle. Grégoire IX en posa la première pierre et Innocent IV en fit la consécration. Elle rappelle un peu, par sa construction à voûtes basses, à pleins cintres et à piliers massifs, les cryptes des premiers siècles de l'ère chrétienne. Le demi jour qui y pénètre lui donne un aspect sombre et sévère.

A tous les pas on rencontre dans la nef et dans les chapelles des fresques dignes de fixer l'attention de l'artiste : Cimabué, Giotto, Spagna, Serméi et d'autres maîtres qui ne sont pas sans gloire, ont laissé là. dans des peintures impérissables, le sceau de leur talent.

Mais c'est surtout dans l'église supérieure que l'admiration se lasse de contempler. On est là dans le troisième ciel de l'art.

Trois peintres se sont disputé l'honneur de décorer la basilique. Giunta Pisano, qui a peint l'abside et le bras droit, s'est attaché à reproduire les principaux actes de la vie de la Vierge et des Apôtres; Cimabué, qui a peint le bras gauche et une partie de la nef, a pris ses sujets dans la Genèse, l'Evangile et l'Apocalypse. Ces compositions sont, sans contredit, d'un grand caractère. Enfin Giotto, qui a peint la nef à partir de la galerie jusques au fond, a représenté, en 28 grands tableaux, les traits les plus saillants de la vie de saint François.

On se croit en face d'un concours, quand on voit toutes ces merveilles picturales, et on n'est point embarrassé pour donner le prix (1). Le maître de tous c'est Giotto, un de ces hommes, enfants gâtés de la Providence, que la nature comble de ses plus riches dons. Il n'en naît jamais deux pareils dans un siècle, pas plus qu'il ne se lève deux soleils dans un jour. Quelqu'un a dit de Michel-Ange : cet homme à quatre âmes, parce qu'il fut à la fois peintre, architecte.

(1) Credette Cimabue nella pittura
Tener campo. ed ora ha Giotto il grido.   (DANTE.)

sculpteur et poëte. On pourrait dire du célèbre maître
florentin : cet homme à trois âmes, car il fut lui aussi
sculpteur ; Florence a longtemps conservé quelques-unes
des œuvres échappées à son ciseau. Il fut, en outre, architecte,
et tout le monde connaît le beau campanile de style gothique
qu'il fit, avant de mourir, à Santa Maria del Fiore, cette tour
penchée que Charles-Quint trouvait si gracieuse, qu'il aurait
voulu la mettre dans un étui. Il ne fut pas poëte, paraît-il,
mais il pouvait se passer de l'être sur la lyre, car il l'était
par le pinceau.

En revanche, il a été théologien dans ses œuvres, comme
le Dante, son ami, l'a été dans sa *divine Comédie* (1). Il a
compris et montré que la peinture est une théologie sym-
bolique, ayant pour but de nous donner, par des images
sensibles, l'intuition des choses surnaturelles, et dans ses
fresques il a prêché Dieu, l'Eglise, l'âme, la vertu, le ciel,
l'immortalité. Il l'a fait même parfois d'une manière sur-
prenante pour l'époque qui le vit naître. Certes, il n'a pas
eu, comme ses frères puînés dans la gloire, comme par
exemple Masaccio, Raphaël et Michel-Ange, la science du
dessin et du coloris, au moins à un égal degré. Mais, pour
le sentiment, il ne leur a pas été inférieur et il les a
quelquefois surpassés. Il y a dans ses tableaux d'Assise
des têtes si pures, si fines d'expression, qu'elles peuvent
soutenir, sans pâlir, la comparaison avec les plus belles
œuvres des plus grands maîtres de la Renaissance, des
têtes si exquises que j'aurais voulu, si j'avais pu, les
couper et les emporter avec moi. Mais le religieux qui
m'accompagnait, pour me les signaler gracieusement, n'aurait pas, à coup sûr, permis cette décapitation et ce larcin.
Je suppose d'ailleurs que si j'avais pu les ravir sans qu'il

---

(1) Il a laissé le portrait d'Alighieri en costume du Tiers-Ordre dans
l'église inférieure.

le vit, les cloches de la basilique m'auraient dénoncé au couvent et à la ville. Elles auraient sonné toutes seules, comme le firent jadis les cloches de plusieurs églises sur le passage d'un voleur de reliques.

C'est dire si j'étais heureux de ma visite à la basilique d'Assise. Je connaissais depuis longtemps Giotto ; je l'avais entrevu à Rome : mais je le connaissais mal: je n'avais fait que le pressentir. Maintenant je l'ai vu de près, je l'admire et je l'aime. Aussi je comprends Pétrarque léguant par testament à un de ses amis une madone de Giotto comme la chose la plus précieuse qu'il pût lui offrir.

J'aime, dis-je, ce patriarche de la peinture : il a rendu d'immenses services à la cause de l'art chrétien et à la cause de la religion catholique, et, en disant adieu à ses 28 tableaux que je venais de saluer avec enthousiasme, je me répétais à moi-même une réflexion qu'on peut faire partout où le Christianisme a laissé les traces de sa civilisation, c'est que « l'histoire de l'art chrétien est inséparable de l'histoire de l'Eglise, puisque l'art chrétien vit véritablement de la vie de l'Eglise, qu'il en reçoit les inspirations, qu'il en partage la fortune et les triomphes (1). » D'où vient à l'école ombrienne la gloire qui lui donne un rang parmi les plus célèbres écoles de peinture ? De sa fidélité au sentiment religieux. D'où vient à Giotto sa renommée immortelle ? De ses œuvres pieuses exécutées à Rome, à Padoue, à Florence et surtout de son histoire de saint François, à Assise.

III.

Quand on a quitté la basilique, il semble qu'on devrait fermer les yeux à tout le reste. Mais l'attention est encore bien souvent sollicitée, dans les couloirs du Sacré-Couvent

(1) Cartier. L'Art chrétien (16ᵉ lettre).

et dans les rues de la ville, par mille souvenirs intéressants.

Ces souvenirs religieux, artistiques, politiques tirés de la vie de saint François et de sainte Claire ou de l'histoire du pays, sont comme une propriété sainte dont s'enorgueillit Assise, à bien juste titre. Il y a, en effet, bien peu de villes en Italie, qui puissent, comme celle-là, compter tant de gloires dans leurs annales. Bien peu du moins ont une auréole chrétienne aussi précieuse. Cette auréole est composée de papes, de rois, d'artistes, de poètes, de chevaliers, de moines, de saints, de vierges qui sont passés, ont vécu ou sont morts à Assise, par amour pour le fiancé de la pauvreté.

Aussi éprouve-t-on une impression pénible quand on voit les Religieux, victimes des spoliations italiennes, relégués dans la partie la plus étroite de leur magnifique couvent.

Ils n'ont pas eu, il est vrai, la douleur de voir leur maison tranformée en caserne, comme ailleurs, dans d'autres villes de la péninsule, puisqu'elle sert d'école municipale : mais ils ont au moins la tristesse de penser que le chef-d'œuvre d'architecture bâti par leurs anciens, comme une sainte ruche pour abriter des milliers d'âmes pures, d'existences fatiguées et de vies laborieuses, n'est plus à eux :

Sic vos non vobis mellificatis apes !

IV.

En parcourant les rues de la ville on rencontre des oratoires, des monastères et des églises qui ont tous quelque chose à montrer au pèlerin ou au touriste. L'évêché, Sainte Claire, la cathédrale, la grande citadelle méritent surtout une visite. On y glane des récits légendaires beaux comme les *Fioretti* de saint François, dont on aime à orner sa mémoire.

Aux environs de la ville, les deux points cardinaux du voyageur chrétien sont le couvent de Saint-Damien et la basilique de la Portioncule.

Je me serais bien gardé de les oublier dans mon programme d'excursion. Je me sentais porté à les visiter comme on visite des berceaux. C'est en effet dans ces sanctuaires bénis qu'ont pris naissance les deux ordres merveilleux qui ont fait une révolution religieuse dans le monde, au moyen-âge : les Clarisses et les Franciscains.

A Saint-Damien, toutes les pierres racontent les gestes et les vertus de sainte Claire. On y montre surtout la boîte en ivoire garnie d'argent dans laquelle cette sainte, à l'âme si pure, à la vie si extraordinaire, conservait l'Eucharistie, grâce à une permission spéciale du Souverain Pontife ; le chœur où, avec ses premières compagnes, elle chantait les gloires de Dieu ; le dortoir où elle passa de longs jours, infirme, et enfin une porte, mûrée aujourd'hui, sur le seuil de laquelle, un jour, elle se plaça, armée d'une custode contenant le saint Sacrement, pour repousser victorieusement les Sarrazins qui reculèrent épouvantés.

Deux siècles plus tard, en France, une héroïne, que l'histoire ne connaît que sous le nom de Jeanne Hachette, devait, avec une simple petite hâche qui lui servait à couper les mains des assaillants, faire reculer Charles le Téméraire devant les murs de Beauvais. C'est là, certes, un acte de courage qui mérite l'admiration du monde ; mais combien j'aime mieux notre héroïne ombrienne du XIIIᵉ siècle, qui, apprenant que son couvent est assailli par des infidèles accompagnés de Gibelins, n'écoute que sa foi et vole à leur rencontre, non pas avec une hâche, mais avec son Dieu, et rentre triomphante dans sa demeure ! S'il n'y avait que cet acte à relever dans sa vie, ce serait assez pour la rendre à jamais célèbre. Mais combien de prodiges ont émaillé sa belle existence ! Les religieux Franciscains, gardiens des ruines parlantes et restaurées de Saint-Damien, en racontent de bien touchants, qui s'harmonisent merveilleusement avec les lieux sanctifiés de cette terre privilégiée !

V.

La basilique de la Portioncule, appelée aussi Sainte Marie des Anges, est un des sanctuaires les plus renommés de l'Ordre franciscain. Ce sanctuaire a son histoire, et cette histoire pourrait facilement devenir un poème, grâce aux divers événements qui se sont accomplis à son ombre. Elle est dans tous les guides : je ne la répète pas. Qu'il me suffise de rappeler que c'est autour de l'église primitive que s'élevèrent les pauvres cabanes des premiers disciples de saint François, et que c'est sous le chaume de ces mêmes cabanes que se tint le premier chapitre général de son ordre.

C'est là que le grand patriarche, après une apparition merveilleuse dont il fut favorisé, obtint du Christ la célèbre indulgence du pardon, qui depuis a été accordée à une foule d'églises catholiques. C'est là que l'on conserve le rosier légendaire qui naquit au milieu du buisson épineux dans lequel le saint se roula pour dompter une tentation. et qui, depuis, par une permission providentielle, a toujours produit des roses sans épines et des feuilles maculées de sang. C'est là, enfin, que l'on visite, pour la vénérer, la cellule aujourd'hui transformée en chapelle, dans laquelle il rendit sa belle âme à Dieu.

La chapelle de la Portioncule est placée, comme la Santa Casa à Lorette, sous la coupole de la basilique. Sur la façade de cette chapelle mystérieuse comme un cénacle et fermée comme une crypte, se trouve la célèbre fresque dans laquelle Overbeck a représenté, à la manière des peintres primitifs, le Christ accordant à saint François l'indulgence du pardon. La basilique actuelle restaurée et presque rebâtie sous le pontificat de Grégoire XVI, est vaste et spacieuse ; il le faut bien ainsi, puisque elle a toujours attiré des foules nombreuses pour le 2 août, le grand jour du pardon.

Au témoignage des chroniqueurs, on a vu autrefois jusqu'à 200,000 fidèles accourir à la cérémonie de la grande indulgence. Cette cérémonie fut d'ailleurs l'origine de ces foires célèbres qui se tiennent encore à Assise aux alentours de Sainte-Marie des Anges, et qui amènent, chaque année, des marchands et des industriels de tous les coins de l'Italie.

On peut remarquer ici, en passant, que, chez tous les peuples, la vie religieuse est intimement liée avec la vie civile, et si, au versant de l'histoire ancienne, nous voyons le temple déverser ses flots d'initiés dans le Forum, pour les livrer aux émotions qu'on y trouve, nous voyons, au versant de l'histoire moderne, l'église abandonner ses fidèles à la place publique. pour les livrer aux affaires qui les y appellent. Aussi on peut se demander si les hommes qui, à l'époque où nous sommes, veulent, à tout prix déchristianiser la France n'ont pas une blessure au cerveau ou ne sont pas piqués de la tarentule !

L'histoire de l'humanité est là pour protester contre eux et leur dire : « Dieu est nécessaire à la vie du monde. Il le faut à l'enfant qui vient de naître et au vieillard qui va mourir. Il le faut au pauvre et au riche, au commerçant et à l'ouvrier. Tous ont besoin de se sentir bénis dans leurs aspirations, leurs entreprises et leurs affaires. Tous ont besoin de regarder plus haut que le sol qui produit leur pain, que la voie ferrée qui porte leurs marchandises et que le télégraphe qui sert leurs intérêts ! »

Le couvent, qui touche à la basilique, appartient aux Franciscains, tandis que le Sacré-couvent dont j'ai parlé plus haut est habité par les Conventuels. Il semble que saint François ait voulu que chaque branche de son grand ordre séraphique eût ses priviléges et ses faveurs. La maison est très aérée et très ensoleillée. Aussi sert-elle parfois de retraite aux religieux que les fatigues de la prédication ou du ministère condamnent au repos. Ces condamnés de l'apostolat sont heureux, pour passer les derniers jours de leur vie, de noyer leurs yeux dans le ciel d'Assise, de respirer le même air que leur fondateur quand il marchait vers la tombe, de vivre, en un mot, sur les lieux qui ont vu à l'œuvre le sublime stigmatisé.

Je comprends ce bonheur et, pour ma part, ce n'est pas sans émotion que j'ai visité Sainte-Marie des Anges ; ce n'est pas non plus sans regret que je lui fis mes adieux. Il y a, en Italie, des rivages embaumés, battus par les flots tranquilles de la Méditerranée, des sanctuaires placés comme des nids d'aigle à la cime d'une montagne, des grottes sauvages habitées par un ermite couvert de haillons et recevant l'aumône sans la demander ; il y a, dans les Pyrénées, des oratoires perdus dans quelque gorge silencieuse ; il y a, dans les Alpes, de vieilles chapelles couvertes de mousse, où mes souvenirs reviennent toujours avec un charme délicieux et d'où ils me retournent, grâce à une répercussion merveilleuse, comme d'autant d'échos enchanteurs. A ces pélerinages de la pensée ou du cœur, qui me consolent parfois des tristesses de ce pélerinage douloureux qu'on appelle la vie, je joindrai désormais celui d'Assise : ce ne fut pas le moins rêvé et ce ne sera pas le moins doux !

CHAPITRE III.

FOLIGNO.

I

En quittant Assise on trouve bientôt, sur la gauche, après 15 minutes de trajet, la petite ville de Spello — l'Hyspellum des Romains — Le train ordinaire y laisse des voyageurs, mais le train direct ne la dessert pas. Voilà pourquoi je n'ai pu la visiter, et je l'ai vivement regretté, parce que j'aurais désiré payer mon tribut d'admiration aux fresques altérées, il est vrai, mais très-belles que le Pintoricchio a laissées dans la collégiale de Sainte-Marie.

On sait que ce peintre fut, comme Raphaël, l'élève du Pérugin. Vasari a prétendu que son grand mérite avait été d'exécuter les dessins de son condisciple : mais les habitants du pays, qui sont fiers des merveilles de son pinceau, disent à leur tour qu'il suffit de voir ses peintures de Spello pour affirmer l'originalité de son talent. Il y en a même qui vont jusques à croire que l'*Annonciation*, l'un des trois principaux tableaux du célèbre maître qui se trouvent à Sainte-Marie, a dû servir à Raphaël pour la conception de l'une de ses plus belles fresques vaticanes: *La dispute du saint Sacrement.*

Dans la même église le Pérugin a laissé aussi une pieta de sa dernière manière qui peut intéresser le touriste, et les habitants la citent toujours quand ils parlent de leur *Pietro*. Du reste, il faut savoir qu'en Ombrie on ne trouve pas de chapelle ou d'église qui n'ait à montrer une curiosité artistique au visiteur. L'art est partout, dans les rues et sur les routes, dans les oratoires et dans les maisons : il est partout, et d'ordinaire il ne marche pas seul ; il va souvent de pair avec la poésie. Spello se glorifie, pour son compte, d'avoir donné naissance à plusieurs poètes de mérite et elle se met même au rang des neuf villes qui prétendent avoir été le berceau de Properce.

L'élégiaque passionné qui a chanté sur le même ton qu'Ovide et Horace les ivresses et les désespoirs de l'amour profane, serait donc né, d'après certains, non loin de saint François, le lyrique inspiré qui a si bien célébré les douceurs de l'amour divin. Le fou de Jésus-Christ s'en allait, dit on, parfois à travers les villages de son pays, criant partout : « L'amour n'est pas aimé, l'amour n'est pas aimé, » et peut-être a-t-il quelquefois fait entendre ce cri de son cœur saintement indigné, sur la tombe où repose, depuis des siècles, la cendre du poète voluptueux. Nous donnâmes un regard à la colline sur laquelle est bâti Spello, et nous aperçûmes bientôt les campaniles de Foligno.

II

Rien n'est beau, quand, emporté par la vapeur, on traverse une contrée inconnue, comme de voir un horizon peuplé de clochers catholiques. Ces vieux nids d'angélus sont autant de doigts qui montrent le ciel à ceux qui voyagent vers l'éternité sans y penser, et on pourrait en même temps les regarder comme des paratonnerres placés au-dessus de ces fourmilières humaines qu'on appelle les villes, pour les protéger contre les anathèmes divins. Quelques coupoles se mêlent, dans la perspective, aux tours de la vieille cité, et ce spectacle se déroulant dans une immense plaine, donne une heureuse impression au voyageur qui arrive.

Foligno compte à peu-près 1,600 habitants. Ses souvenirs artistiques, littéraires, religieux, archéologiques sont sans nombre. La Rose de l'Ombrie (1), guide plein d'érudition, qui m'a été gracieusement offert par un patricien du pays, met les principaux en relief. Je ne puis les rappeler ; mais, parmi les têtes qu'enguirlande la gloire à Foligno, je ne saurais oublier Niccolo Alunno, Fra Angelico et la bienheureuse Angèle.

Niccolo Alunno, qui fut l'élève de Mesastris et qui, à son tour, fut le maître du Pérugin, a sa statue sur une promenade. Ses compatriotes ont tenu à lui montrer qu'il avait une large place dans leur admiration, et ils lui ont fait les honneurs du marbre à l'entrée de la ville. Par le temps qui court, on vote souvent une statue à des hommes qui n'ont pas, comme celui-là, mérité de l'histoire et de l'art.

Le voyageur, en arrivant, demande quel est ce personnage qui domine une élégante avenue ; l'habitant répond avec fierté : *è nostro Niccolo di Liberatore* (2), et il ajoute aussitôt, dans le cas où on ne connaîtrait pas son nom, qu'il est, sans contredit, une des gloires de l'école ombrienne, qu'il a étudié sous Benozzo Gozzoli, élève de Fra Angelico, mais que, de bonne heure, il a eu une manière personnelle et qu'il a exécuté, pour les principales villes de l'Ombrie, des tableaux, des tryptiques et des fresques dignes d'un

(1) La Rosa dell'Umbria ossia piccolo guida storico artistico di Foligno e città contermine.

(2) C'est notre Nicolas de Liberatore.

grand maître. On peut, du reste, s'en convaincre en visitant l'église de Saint-Nicolas. Il y a là un tryptique — plusieurs fragments emportés sous le premier Empire se retrouvent encore au musée du Louvre — qui montre la puissance de son pinceau.

III

Non loin de l'église de Saint-Nicolas on voit celle de Saint-Dominique, qui, hélas ! n'est plus aujourd'hui qu'une immense grange à foin, à l'usage de l'artillerie italienne. Le couvent, qui est à côté, a subi, lui aussi, une honteuse conversion : comme beaucoup d'autres lieux sanctifiés par la prière, il est devenu caserne. Aussi, quand on passe devant ce capharnaum militaire marqué de la croix de Savoie, moucheté de capotes qui pendent aux fenêtres et retentissant de cris soldatesques, alors qu'autrefois on n'y entendait que le murmure de la psalmodie monastique et qu'on n'y voyait que la robe blanche du dominicain, on éprouve un serrement de cœur qui fait mal. Mais ce spectacle est assez fréquent en Italie depuis que le Piémont a absorbé la péninsule, et il faut s'y résigner, comme on s'y résigna, en France, après la tourmente de la grande Révolution.

C'est dans ce couvent que Fra Angelico, « le peintre des âmes, (1) » chassé de Fiésole par les troubles politiques de son temps, a passé quelques années. C'est là qu'il vint mûrir son talent : « comme ces enfants précieux qu'on envoie, dit gracieusement son historien, loin du tumulte de la cité se nourrir d'un air plus sain et d'un lait plus tranquille (2). » Le voisinage de Florence pouvait gâter son génie et le ciel de l'Ombrie devait le purifier.

(1) Ses figures ne sont que des âmes. (Du Pays.)
(2) E. Cartier. *Vie de Fra Angelico.*

L'influence des horizons joue, sans contredit, un grand rôle dans l'existence humaine, et cette influence se fait surtout sentir dans l'âme des artistes. La nature qui les entoure leur fait des révélations incessantes, et ils trouvent des inspirations dans tout ce qui frappe leurs yeux. Ils mêlent en quelque sorte leur existence à la vie extérieure : ils aspirent par tous les pores la patrie qui les a vus naître ou qu'ils se sont choisie, et c'est d'elle qu'ils tirent, sans se l'expliquer, les formes de leurs pensées.

On comprend par là que l'éducation artistique de Fra-Angelico dut subir, à Foligno, une influence mystérieuse. Vivant au cœur de l'Ombrie, il devait, avec sa nature contemplative, étudier et goûter mieux que tout autre « cette lumière si pure, cet air si transparent, ces lacs qui reflètent des matinées si fraîches et des soirs si paisibles, ces montagnes qui portent à leur sommet des villes pour diadème, ces vallées, ces torrents, ces chemins où des guirlandes de vigne prêtent aux ormeaux la richesse de leurs fruits et la grâce de leur feuillage (1). L'horizon allait à son âme, et il y avait eu en quelque sorte entr'elle et les sites environnants comme des effluves qui embaumaient sa pieuse imagination. Du reste, il ne se contenta pas d'étudier la nature ; il voulut connaître les grands maîtres, et il prit souvent le chemin d'Assise pour aller y rêver en présence des peintures de Cavallini, de Cimabue, de Buffalmacco et de Giotto. Il trouvait là ses parrains dans la gloire, et il leur demandait, dans ses méditations prolongées aux pieds de leurs fresques, ce charme pénétrant qu'il a mis dans toutes ses compositions. La basilique de Saint-François est un véritable musée chrétien et bien des artistes religieux lui doivent les inspirations qui les ont

---

(1) E. Cartier. *Vie de Fra Angelico.*

rendus célèbres. On peut dire qu'elle a fait école au moyen-
âge : on s'y rendait pour se mettre à la hauteur de l'art,
comme à la même époque on se rendait à Bologne ou à
Paris pour se mettre au niveau de la science théologique
et, une fois qu'on avait contemplé les merveilles picturales de ses murailles, on partait pour porter ailleurs l'étin-
celle sacrée des traditions giottesques (1).

C'est là ce que dut faire souvent le saint religieux qui
est resté le chef de l'école mystique de Florence. Aussi il m'a
été doux, en passant à Foligno, devant le couvent profané
des Dominicains, de saluer le souvenir qu'il y a laissé.

IV

A côté de cette tête de moine que j'entoure d'une auréole
de respect et d'admiration, il y a, à Foligno, une tête de
religieuse que depuis longtemps j'encadre dans un nimbe de
douce vénération, et que j'étais heureux de saluer aussi :
je veux parler de la bienheureuse Angèle, sœur par le nom,
le génie et la sainteté, de l'artiste florentin. Elle fait partie
de cette phalange de vierges, telles que Claire d'Assise,
Rose de Viterbe, Catherine de Sienne, Marguerite de Cor-
tone, Colombe de Rieti, Agnès de Montepulciano, Claire de
Montefalco, qui, au cœur de l'Italie, ont porté si haut
l'amour de la virginité, de la souffrance et de la pauvreté.
Elle est digne d'occuper un rang élevé parmi ces héroïnes
du dévouement chrétien, et c'est avec bonheur que j'ai porté
mes hommages et mes prières aux pieds de l'autel qui renferme son corps dans l'église de Saint-François.

Je me suis souvent demandé, en voyant le grand nombre

(1) Giotto avait parlé très haut : l'écho de son enseignement s'était répété
d'un bout à l'autre de l'Italie, et, du commencement jusqu'à la fin du XIVᵉ siècle, il y eut partout des Giottesques. (Paul Mantz. *Les chefs-d'œuvre de la
peinture italienne.*)

de saintes et de saints qu'a produits l'Ombrie, s'il n'y aurait pas pour eux, dans le firmament des élus, *un ciel d'Italie*, un ciel à part, qui les couronnât d'une gloire en quelque sorte nationale, et je me rappelle que cette question me revint à la pensée, en présence de la châsse qui contient les restes de la Bienheureuse. Elle ne pouvait me revenir à un moment plus propice, puisque Angèle de Foligno a été appelée *magistra theologorum*. Ma question n'est pas dans la théologie, et j'étais bien aise de la poser à celle qui a pénétré si avant dans les mystères de la science sacrée. J'attends encore la réponse..... Ce à quoi la Sainte répond d'une manière vraiment magistrale, dans les écrits qu'elle a laissés, c'est à la grande et éternelle question de l'amour de Dieu. Elle y répond si bien, que souvent, pour comprendre sa pensée, il faut avoir fait de grands pas dans la spiritualité, être de ceux dont le Dante a dit, dans son langage immortel et presque intraduisible :

> ...... Drizzarono il collo
> Per tempo, al pan degli Angeli, del quale
> Vivesi qui, ma non sen vien satollo.

Un religieux conventuel du couvent même qui garde les dépouilles de la Bienheureuse voulut me montrer son testament. Il venait, à son sujet, de me dire ces deux vers dantesques, avec ce feu que les Italiens mettent dans leurs yeux et sur leurs lèvres, quand ils parlent de leur Alighieri, et après m'avoir raconté les merveilles les plus saillantes de la vie angélique de sa chère Sainte, il désira me faire connaître ses dernières volontés. Or, elles ont été mises en vers par un poète du pays. Il les savait par cœur, comme, du reste, il savait de même la *divine Comédie* presque en entier, et il me les récita avec une émotion communicative que je n'oublierai pas. On aurait dit qu'il me répétait les dernières paroles de sa mère mourante. Je pris copie, sous sa dictée, d'une strophe que voici :

> Dunque vi raccommodo in testamento
> Lo scambievole amore et l'umiltade
> Che di tutte virtudi è il fondamento.
> Questa sara la vostra ereditade,
> Che retaggio fu pure del Signore :
> Cioè disprezzo. poverta, dolore !

« Je vous recommande donc dans mon testament la charité fraternelle et l'humilité qui font le fondement de toutes les vertus ; ce sera là votre héritage : ce fut du reste celui de Notre-Seigneur, qui eut en partage le mépris, la pauvreté et la souffrance. » Je n'ajoute pas les commentaires éloquents dont le père accompagna son récit : les commentaires se trouvent largement dans les conditions lamentables où vivent les Religieux italiens. Les lois du gouvernement piémontais se chargent de leur servir le mépris, la pauvreté et la souffrance. L'Etat leur assure régulièrement cet héritage, qui d'ailleurs n'est jamais répudié.

V.

A côté du nom si pur d'Angèle de Foligno, les habitants du pays en murmurent un autre qui leur est bien doux : c'est celui de Messaline. Ce nom, qui ne rappelle à la pensée que des lâchetés et des infamies, a été *virginisé*, au second siècle de l'Eglise, par une jeune fille qui se fit, au mépris des persécuteurs, l'héroïque servante de saint Félicien, incarcéré par les ordres de l'empereur Dèce. Cet évêque martyr est le patron de la ville. On l'invoque dans les temps de calamités, et l'histoire a enregistré un grand nombre de miracles dus à son intercession.

La cathédrale, dont il est le titulaire, est un beau vaisseau construit en petit sur le modèle de Saint-Pierre de Rome. On y voit une bonne copie de la *Vierge au donataire*, que les voyageurs vont voir dans la pinacothèque du Vatican. Ce tableau, que les admirateurs de Raphaël regardent comme un de ses chefs-d'œuvre, fut fait pour le monastère de Sainte-Anne de Foligno : il y resta plus de deux cents ans, et voilà pourquoi il est connu sous le nom de Madone de Foligno.

Cette madone, pour le dire en passant, est une femme admirable ; mais je n'ai jamais compris, comme l'a dit un critique, que « sa vue procurât à l'âme des nuances de sentiments si touchantes et si délicates, si profondes et si douces, qu'on ne sait plus à quoi les comparer dans la nature (1). » Je n'ai jamais vu en elle la mère de Dieu, la vierge immaculée à qui nous devons Jésus. Ce que j'écris là va faire frissonner, dans sa tombe, l'ombre endormie de notre compatriote Ingres, qui justement l'a prise pour type de sa Vierge dans le *Vœu de Louis XIII* ; mais ce blasphème, je l'ai déjà proféré et je ne craindrais pas, s'il le fallait, de redire, à propos de la madone de Montauban, justement parce qu'elle est sœur ou parente de celle de Foligno, et bien qu'elle ait sa place dans un magnifique tableau exécuté avec une eurhythmie parfaite, ce que j'ai déjà dit à propos des madones de Raphaël (2).

VI.

Mais continuons notre course.

Parmi les souvenirs archéologiques que j'ai rencontrés à Foligno, les plus curieux sont ceux de la basilique de

(1) Armengaud. *Les galeries publiques de l'Europe.*

(2) M. Rio lui-même critique la madone de Foligno.

Sainte-Marie infra portas. En entrant on trouve, à gauche, un oratoire où, d'après une tradition, saint Pierre et saint Paul, de passage à Foligno, auraient célébré la messe. C'est là, à coup sûr, un lieu vénérable : aussi on y prie avec plaisir. Quand on pense que le sol que l'on foule a porté les deux grands apôtres, on ne peut être que religieusement ému.

Dans l'église et dans la sacristie j'ai pu admirer des peintures de plusieurs époques, dont quelques-unes sont dans un état merveilleux de conservation, et j'ai surtout contemplé avec bonheur une fresque du XVe siècle, qui représente le crucifiement.

Rien n'est beau d'expression douloureuse comme les têtes qui entourent le Christ. Au faîte de la croix on voit deux anges, aux ailes déployées, s'inclinant, dans l'attitude de la compassion, vers la divine victime. L'un a les mains jointes, comme pour exprimer la désolation, et l'autre tient les bras étendus, comme pour peindre le désespoir. On ne saurait rendre le *pianto* plus palpitant.

Au-dessous des bras de la croix, à droite et à gauche, on voit encore deux anges occupés à recueillir le sang qui coule du côté percé de Jésus. Le premier met une main sur ses yeux pour ne pas voir le triste spectacle, et emporte dans l'autre main une coupe remplie du sang rédempteur. Le second a une coupe en forme de godet dans chacune de ses mains ; dans l'une il reçoit le sang qui coule du cœur du crucifié, et dans l'autre il emporte ce même sang encore tout fumant.

Au-dessous des anges, aux pieds de la croix, émergent deux têtes malheureusement frustes.

L'une, la mieux conservée, est la Vierge-Mère, qui regarde tendrement son fils mourant, et l'autre, qui n'a guère plus que son nimbe, quelques cheveux et une épaule drapée, est saint Jean, le disciple bien-aimé.

L'ensemble de la composition, la tête du Christ, la carnation des figures, tout annonce un pinceau antépéruginesque. Les anges ont surtout un cachet hiératique qui séduit le visiteur. Ce sont de véritables miniatures qui font honneur à l'école ombrienne et donnent en même temps une haute idée de l'art inspiré par une pensée chrétienne (1). Il y a dans leur pose, qui respire la piété et la tristesse, une poésie mystique que comprendra sans peine une âme vraiment catholique. Rien ne symbolise mieux les âmes généreuses qui, dans le monde, se font les anges gardiens de la souffrance, que les quatre esprits célestes qui entourent la croix. Honneur au peintre qui les a dessinés : il avait dans son pinceau une sainte magie faite pour l'immortaliser !

En quittant Foligno pour me rendre à Spolète, il me semblait que ces anges détachés de leur vieille muraille m'accompagnaient sur ma route : ils me suivaient comme nous suivent ces images qui hantent longtemps notre imagination, quand une fois nous avons été frappés de l'harmonie de leurs couleurs et de la douceur de leur physionomie !

(1) Voir : Richerche storico-artistiche sulla basilica di S. Maria infraportas di Foligno. — M. Faloci Pulignani.

CHAPITRE IV.

SPOLÈTE.

I

Près de Trévi, charmante petite ville, disposée en amphithéâtre sur une colline, — la Trebia de Pline, disent les
guides — n'oublions pas de saluer, en passant, Notre-Dame
des Larmes, *la Madonna delle Lagrime*. Cette madone a une
magnifique histoire, que l'on peut conter en peu de mots :
Un jour, c'était en 1485, elle se met à verser des larmes
et des larmes de sang. On accourt de toute part ; on cons-
tate le prodige ; on crie au miracle, et depuis lors cette
madone qui, en mille circonstances, a béni, consolé ou
guéri les pèlerins venus pour l'invoquer, est célèbre dans
toute la contrée. Comment, du reste, ne le serait-elle pas ?
Parmi les titres d'honneur que se donne la Sainte Vierge
dans les sanctuaires du monde catholique, en est-il un qui
soit mieux fait que celui de Trévi pour attirer les foules ?
Je ne le pense pas.

Ailleurs nous trouvons Notre-Dame de Consolation,
Notre-Dame des Grâces, Notre-Dame des Misères, Notre-
Dame d'Espérance... Tous ces titres ont leur charme, leur
poésie et leur parfum, qui n'échappent jamais à un cœur

chrétien. Mais il semble que Notre-Dame des Larmes soit un vocable encore plus séduisant, surtout pour les âmes qui ont souffert ; et qui n'a pas souffert ? Qui n'a pas expérimenté que la vie est un contrat dont la douleur est la condition ? Qui n'a pas dû courber, un jour ou l'autre, son front sous le sceptre du malheur ? Qui enfin n'a pas eu à donner des pleurs aux amertumes de l'existence ?

On a été étonné de la quantité de pleurs qui sont contenus dans les yeux des reines ; nous ne pouvons pas être trop surpris d'en découvrir dans les yeux de la Reine des Reines, et cette découverte ne peut que nous porter à la résignation, quand vient pour nous l'heure d'en répandre à notre tour. Aussi j'aimerais que le titre que je préconise fût donné quelquefois aux madones de nos sanctuaires, quand elles n'en ont pas un recommandé ou imposé par la tradition.

J'aimerais qu'à nos litanies on ajoutât cette nouvelle invocation : « Notre-Dame des Larmes, priez pour nous. » Bien des douleurs seraient peut-être épargnées aux âmes qui voudraient avoir une dévotion à cette vierge compatissante; et si ce résultat n'avait pas lieu, il y aurait au moins celui ci d'une façon certaine : ceux qui pleurent auraient plus de courage pour supporter leurs épreuves, et ceux qui étudient, sans pouvoir le résoudre, le problème de la souffrance, recevraient d'éclatantes lumières sur la question qui les occupe.

II

Tandis que je me livrais à ces réflexions, le train stoppait en gare de Spolète. Cette ville a eu l'honneur d'être, sous Bonaparte, un chef-lieu de département. Je suppose que cet honneur, qui fut de courte durée, a peu

servi à sa gloire. Il y a dans son histoire des évènements
plus importants, qui lui donnent un rang parmi les villes
célèbres de la péninsule.

Tous les guides parlent de la *Rocca*, forteresse et prison
qui domine la cité, de son palais construit par Théodoric,
détruit par les Goths et rétabli par Narsés, et surtout de
son fameux aqueduc, long de 206 mètres et haut de 81
mètres. Ces monuments méritent, en effet, avec quelques
murs cyclopéens et quelques ruines de temples romains,
l'attention du voyageur. Mais je m'abstiens d'en parler,
parce que je ne ferais que répéter ce qu'ont dit souvent les
orgues de barbarie de la géographie moderne.

A la cathédrale, qui a des parties très-curieuses au point
de vue archéologique, on m'a montré des fresques de
Filippo Lippi. On me les a montrées, mais je les ai peu
vues, car elles sont très altérées. Je m'en suis consolé en
admirant la ravissante madone de Spagna, entourée de
quatre saints, qui a été détachée de la chapelle de la
Rocca et transportée au musée du palais communal.

Je connaissais déjà la manière de ce peintre ombrien,
que Spolète réclame comme une de ses gloires, puisqu'il
obtint droit de cité dans cette ville; mais j'étais bien aise
de voir une de ses madones peintes sous le ciel de l'Ombrie.

Spagna est un des élèves du Pérugin qui a le moins
produit; mais comme ses œuvres sont finies !

Quelle délicatesse de touche dans ses têtes ! Quelle
pureté de ligne dans ses figures ! Comme ses saints sont
pieux ! comme ses vierges sont pures ! Sa madone est à
coup sûr, bien qu'elle ait subi d'irréparables dégâts, un des
bijoux du musée de Spolète.

III

Au point de vue religieux, il y a une madone encore plus célèbre que celle là, à 12 kilomètres de la ville. Elle est connue sous le nom de Notre-Dame de l'Etoile, *Madonna della Stella* et invoquée sous ce titre : *Auxilium Chrtstianorum.* On l'appelle aussi la *Madone de Spolète,* Dans son histoire figure, comme dans celle de la Salette, un enfant de 15 ans, nommé Henri, auquel la Vierge apparut plusieurs fois, pour lui dire qu'elle voulait être honorée là d'un culte particulier. Or, il y avait dans cet endroit une vieille muraille, reste d'une ancienne petite église dédiée à saint Barthélemy, sur laquelle un certain Paul Bontulli de Percanestro avait peint une madone en 1570. C'était l'époque de la décadence pour l'école du Pérugin. L'artiste avait entouré son image des figures de quatre saints : saint Barthélemy, saint Sébastien, saint Blaise et saint Roch, et avait orné son œuvre d'une étoile. Les Saints ont disparu, emportés par le temps, l'étoile est restée ; de là le nom que le peuple a donné à la Vierge.

En 1860 un antiquaire ayant observé le caractère archaïque de la fresque voulut s'en emparer pour la vendre comme un objet archéologique. Mais, au moment de commettre ce larcin sacrilège, un énorme serpent lui apparut et l'empêcha de consommer son attentat. Depuis cette époque de nombreux miracles sont venus confirmer le récit de l'enfant de 15 ans et l'histoire du voleur évincé, et la Madone de l'Etoile, grâce au zèle des archevêques de Spolète, a conquis une immense réputation, non-seulement en Italie, mais encore, comme me le disait le custode du pèlerinage, *oltremare ed oltremonti,* au-delà des mers et des monts.

Pie IX l'aimait beaucoup et la visitait souvent, alors qu'il n'était que le chef du diocèse. Son sanctuaire vient d'être magnifiquement restauré par Mgr Pagliari, archevêque actuel de Spolète. On peut dire désormais que la Sainte Vierge est là, somptueusement logée ; par contre, elle est pauvrement mise : c'est une de ces madones qui n'arrêtent pas les artistes, mais qui arrêtent les pâtres, les femmes et les enfants, une de ces madones qui font des miracles dans un lieu isolé, là où on ne trouve que des landes ou des rochers, parce qu'il plaît à la Sainte Vierge de faire grand là où tout est petit.

A Urbin, au-dessus de la porte de la maison où naquit Raphaël, on lit ce beau distique d'Ovide :

> Ludit in huminis divina potentia rebus
> Et sæpe in parvis claudere magna solet (1).

Cette inscription, composée à la gloire du divin jeune homme, on pourrait, pour des raisons d'un autre ordre, la placer sur la porte du sanctuaire de Spolète. Aux alentours, c'est la campagne nue, déserte, inhabitée ; c'est à peine si dans le voisinage on remarque deux ou trois maisons qui se transforment en hôtelleries quand les foules accourent pour les grandes fêtes de la Vierge et notamment pour le 8 septembre. La solitude qui règne autour du pèlerinage n'a rien de pittoresque et de séduisant pour le pèlerin. L'horizon est morne, la perspective est triste ; le site n'a aucun de ces charmes donnés ailleurs aux demeures terrestres de la Mère de Dieu.

Dans beaucoup de ses sanctuaires fréquentés par des multitudes chrétiennes, il semble que Marie ait voulu être paysagiste et qu'elle ait choisi tel lieu plutôt qu'un autre,

____

(1) La puissance de Dieu se joue dans les évènements humains et enferme souvent de grands effets dans de petites causes.

parce qu'il frappe la vue par son aspect sauvage et tourmenté. Ici, rien de pareil. Le sanctuaire est comme un joyau tombé du ciel sur la terre au milieu d'une terre silencieuse et pauvre.

Pour l'archevêque à qui je me plaisais à le dire quand il me montra lui-même son pèlerinage de prédilection, c'est le plus beau diamant de sa couronne, la perle la plus précieuse de sa mître. Mais rien ne l'enchasse, rien ne l'encadre, rien ne l'entoure.

N'importe : des Abruzzes, des Marches, des Apennins, on y vient à toutes les époques de l'année : j'y ai vu moi-même de nombreux pèlerins solliciter, les larmes aux yeux, la faveur de pénétrer dans l'édicule qui abrite la madone miraculeuse. Cet édicule, pareil à ceux que l'on retrouve dans beaucoup de basiliques italiennes, est ouvert à certains jours comme un *Sancta Sanctorum* qui reste fermé en temps ordinaire, et les pèlerins peuvent apercevoir dans un lointain mystérieux les têtes de la Madone et, de l'enfant Jésus, qui rayonnent au milieu des lumières, au-dessus d'un autel pompeusement décoré.

Notre-Dame Auxiliatrice est en grande vénération dans la contrée. Elle a, en mille circonstances, donné des preuves de sa protection aux évêques, aux pèlerins, aux fidèles de Spolète, et le peuple se plaît à l'invoquer toutes les fois qu'il est menacé d'un malheur public. Il le fait surtout quand les signes précurseurs d'un tremblement de terre peuvent lui faire craindre de nouvelles catastrophes.

Ce fléau est assez fréquent dans le pays, et, pour ma part, j'ai été, dans mon court passage à Spolète, gratifié de trois violentes secousses.

Les commotions se produisent surtout, paraît-il, dans les mois de mai et de septembre. Les habitants y sont habitués et n'ont pas peur. Ils se fient d'ailleurs à la Madone :

de plus, ils savent que Spolète est bâti sur le rocher, et quand le terrible phénomène se reproduit ils ne manifestent aucune émotion. Quelques-uns, les plus religieux, lèvent les yeux au ciel et font un signe de croix pour demander merci. Mais la plupart continuent leurs travaux ou leur causerie, comme si rien n'était. J'ai vu des enfants folâtrer et des hommes rire dans la rue, pendant que sous mes pieds je sentais la terre trembler en proie à une convulsion étrange, et que dans mes membres j'éprouvais un frissonnement difficile à décrire. Les plus gouailleurs semblaient même prendre plaisir au trémoussement fatal qui agitait les maisons et les églises, les animaux et les hommes. Ils auraient peut être, si les convenances ne les avaient arrêtés, fait, sur la place publique, une farandole joyeuse qui m'eût paru funèbre comme une danse macabre ! Ils se disaient entr'eux : « les diables jouent aux quilles. »

L'homme est partout le même ! Aux environs de Naples il bâtit de magnifiques villas sur la lave refroidie du Vésuve, et ailleurs il danse sur les volcans qui ont des colères sourdes mais périodiques. A la fin du monde, à la veille du jugement dernier, quand il n'y aura plus aucun doute sur la catastrophe suprême, quand approchera le dénouement du drame divin, on le verra encore rire en entendant le râlement du monde ! !

Je ne veux cependant diminuer en rien la confiance religieuse qu'ont les Italiens dans les Saints qui les sauvent des fléaux dévastateurs. Cette confiance est à coup sûr pour beaucoup dans la sécurité dont ils font preuve aux heures pénibles. On sait que les Napolitains comptent sur saint Janvier pour les protéger contre les fureurs de leur terrible voisin ; les habitants de Catane comptent, de leur côté, sur sainte Agathe pour les défendre du courroux de l'Etna, et ceux de Spolète comptent sur saint Pontien, le patron de leur ville, pour ne pas trembler quand tout tremble autour d'eux.

Ils ont de plus la sainte Vierge qui les assiste d'une manière visible, et dans ces conditions ils sont tranquilles au milieu du danger.

Cette confiance a pénétré dans les masses — elle est peut-être d'une manière inconsciente dans beaucoup d'âmes — et, mêlée à l'insouciance dont je parle plus haut, elle est un puissant remède contre la peur.

Dans la juridiction ecclésiastique de Spolète, près de Montefalco, se trouve un autre sanctuaire dédié à la Vierge, qui à certains jours attire beaucoup de fidèles. La madone qu'on y vénère est contemporaine de Notre-Dame de l'Etoile. On l'appelle la Madone de la Consolation, et son histoire n'est pas moins belle que celle de sa sœur. C'est dire que Marie s'est plu à multiplier ses faveurs dans les vallées et sur les montagnes de l'Ombrie.

Les Napolitains, fiers de leur terre natale baignée par la mer et caressée par le soleil, disent quand ils la chantent :

« O suol beato, dove sorridere volle il Creato.

O sol bienheureux, où le Créateur a voulu sourire. » On pourrait dire de l'Ombrie : « Heureux pays, où la madone a voulu sourire. » A tous les pas, en quelque sorte, on rencontre son nom, son souvenir ou son image. Il n'est pas étonnant qu'on rencontre aussi partout la trace d'âmes saintes et virginales dont Dieu a béni les vertus et l'Eglise canonisé les mérites. C'est à Montefalco que l'on vénère et que l'on garde dans une magnifique église le corps de la bienheureuse Claire, que Léon XIII vient de placer au rang des Saintes. Ce corps est encore, après six siècles, dans un état de conversation parfaite. La carnation n'est nullement altérée, si ce n'est aux pieds et aux

mains. Les membres ont gardé leur flexibilité et les pau-
pières couvrent doucement les yeux éteints. La sainte a l'air
d'une femme endormie. On pourrait dire qu'elle dort comme
une bienheureuse. La mort qui putréfie toute chair, a res-
pecté, par l'ordre de Dieu, cette jeune vierge, dont la vie
offre à nos méditations des traits de sainteté vraiment admirables et le corps des particularités vraiment merveil-
leuses.

On sait que dans son cœur on a trouvé, miraculeusement
reproduits, d'une façon palpable, les instruments de la
Passion, c'est-à dire : le fouet, la lance, la colonne, les
trois clous, la couronne d'épines et le roseau surmonté de
l'éponge.

Les matérialistes, les libres-penseurs, les médecins pour-
ront peut-être rire de ce phénomène, mais il a été cons-
taté d'une manière irréfragable par des hommes de l'art, et
il faut une fois de plus répéter cette parole bien connue:
« admirabilis Deus in sanctis suis, oui Dieu est admirable
dans ses saints ! »

Il l'est surtout, ce semble, dans ce beau pays de l'Ombrie,
où l'on pourrait dire que depuis saint François, il y a eu
une école de sainteté, comme une école de peinture. Le
pauvre d'Assise avait donné à la vertu et à l'art un élan
qui fut une vraie révolution dans le domaine de la religion
et de l'esthétique !

C'est lui surtout qui a fait de sa patrie un paradis terrestre, et c'est lui, pour ainsi dire, qui en fait les honneurs aux pèlerins. Car son nom est familier à tous les
échos ; un brin de sa vie s'attache à tous les clochers ;
son souvenir se rencontre sur tous les chemins : il a em-
belli, en quelque sorte, la nature et adouci le ciel. Voilà
pourquoi j'appelle mon passage à travers l'Ombrie : Un
pèlerinage au pays de saint François.

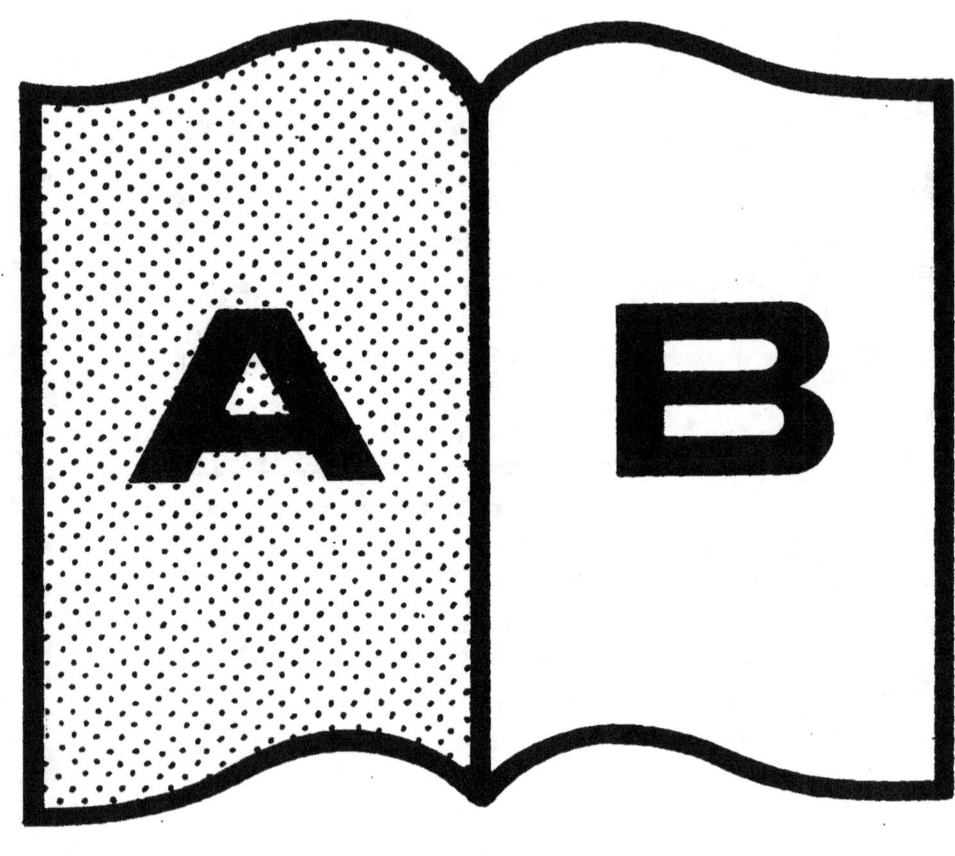

Contraste insuffisant

NF Z 43-120-14